調味料ひとつで
ラクうまごはん

近藤幸子

JN078116

PHP研究所

調味料ひとつ料理の
いいところ

料理がラクに

合わせ調味料がずらりと書いてあると、それだけで心が折れてしまいますが、調味料がひとつなら下準備もいらず、気持ちもラクに調理に取りかかれます。

味が決まりやすい

調味料をあれこれ入れると、おいしさの決め所がぶれやすく、味が中途半端になることも。調味料がひとつなら、味つけに失敗しません。

アレンジしやすい

調味がシンプルなので、食材を替えてもおいしく仕上がります。レシピから材料を増減しても、調味料の分量調整が簡単にできます。

少し前までは、私もいろいろな調味料を組み
合わせて料理をしていました。
でもあるとき、子育てや家事、仕事に追われ
ながらのごはん作りに、疲れきってしまった
のです……。
そしてふと、それまで習慣のように入れてい
た酒、みりん、こしょうなど、たくさんの調
味料って、本当に入れる意味があるのかな？
と、疑問に思いはじめました。
そんなときに作ったのが、豚ひき肉と小松菜
の炒め物です。
ひき肉に塩をして火を通し、小松菜とさっと
炒め合わせただけのシンプルな一品が、素晴
らしくおいしかったのです。
それを皮切りに、使う調味料をひとつ、また
ひとつと減らしていき、調味料ひとつのレパ
ートリーはどんどん増えていきました。
実際、疲れた日の夕食には、あっさりとした
野菜たっぷりのおかずが食べたくなります。
２人の娘たちも、複雑な味つけのおかずより
シンプルな料理のほうが箸がすすみます。
大人用のつまみにしたいときにはキムチを添
えたり、スパイスやハーブを加えれば、さっ
と変身させられるのも気に入っています。

簡単でいて実は奥が深い「調味料ひとつ」の料
理、皆さんも日々の食卓に取り入れてみませ
んか？

近藤幸子

contents

調味料ひとつで **副菜**

【本書のきまり】
＊小さじ1は5mℓ、大さじ1は15mℓ、1カップは200mℓです。
＊電子レンジは600Wのものを使用しました。
＊オーブンはガスオーブンを使用しました。熱源によって温度や時間を調整してください。

調味料ひとつでおいしくなるコツ

調味料ひとつで料理。そう聞くと、

本当においしくなるの？ → → →

と思うかもしれません。
調味料ひとつでも、ポイントを押さえれば、満足のいく味に。
調味料ひとつは、おいしい料理への近道でもあります！

うまみ
肉や魚など

甘み
根菜など

香り
青菜や香味野菜など

おいしくなるコツ①

味の法則を押さえる

　　　　おいしさをつくる４つの要素が、**うまみ**、**甘み**、**香り**、そして**塩味**です。これらが揃うと味がバランスよくまとまります。

うまみは、肉や魚のたんぱく質や脂のうまみ。うまみと塩味だけでも成立しますが、「おいしい料理」と言うには物足りなく感じます。

そのほかに重要な要素が、**甘みと香り**。

甘みというとみりんや砂糖を思い浮かべるかもしれませんが、根菜などを加熱することで出てくるやさしい甘みもあります。**香り**はにんにくやしょうがといった香味野菜はもちろん、小松菜や豆苗の青々しい香り、きのこの独特な香りなど、身近な素材にも含まれているもの。

この４要素を組み合わせることで、それぞれの要素がより引き立ち、印象深いおいしさをつくっていきます。

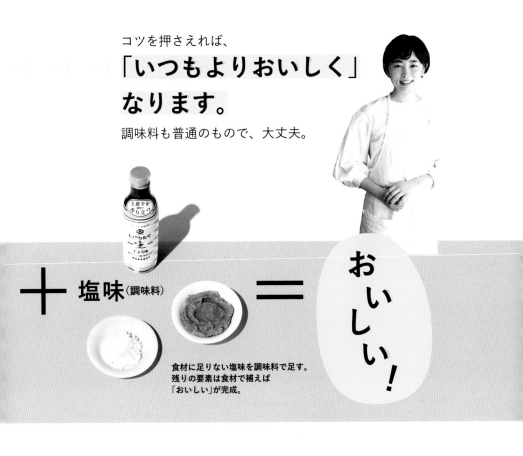

コツを押さえれば、

「いつもよりおいしく」なります。

調味料も普通のもので、大丈夫。

＋ 塩味(調味料) ＝ おいしい！

食材に足りない塩味を調味料で足す。
残りの要素は食材で補えば
「おいしい」が完成。

おいしくなるコツ②

たんぱく質にしっかり下味をつける

全体にまんべんなく味をつけようとせず、一極集中、肉や魚といったたんぱく質にだけしっかり塩分を加えておくことが、おいしさの秘訣です。本書のレシピでも、まず肉や魚にやや強めに下味をつけています。こうすることで、たんぱく質が持つうまみが驚くほど引き立ちます。事前に漬け込んだり、時間をおいたりしなくても、満足度の高い味に仕上がります。

おいしくなるコツ③

野菜は素材の味を生かす

しっかり塩味をつける肉や魚に対して、野菜の味つけは、ごく控えめに。そのほうが、塩気の効いた肉や魚と一緒に食べたとき、野菜の甘みや香りが引き立つのです。さらに野菜は、火の通し加減も重要。しっかり加熱するのか、さっと炒めるだけか、生のままか。その違いで、野菜の味は大きく変わります。私の理想とする家庭の味は「ずっと食べ続けたくなる味」。それには素材を生かした野菜のおいしさが欠かせません。

調味料
ひとつで

主菜

主菜は、肉や魚などのたんぱく質が主役ですが、
野菜もたっぷり食べられるのが理想。
調味料ひとつでしっかり味が決まると思えば、
炒め物の野菜の種類を増やしたり、サラダをたっぷり添えたりなど
もうひと手間かける余裕も生まれて、
今まで以上に充実した食卓につながります。

塩 だけ

わが家では塩はフタつき容器に入れ替えて保管しています。いつも入っているのは小さじ½のスプーン。一品作るときにだいたい塩小さじ½を入れることが多いので、自然とこうなりました。

まずは基本となる塩を使ってみましょう。塩は「塩気を足す」だけで、調味料としては一番シンプル。塩だけを使った料理は、素材のうまみや甘み、香りがはっきりと感じられる味になります。それは、複数の調味料を使った料理で見失いがちなおいしさです。塩味をうまく扱えるようになると、格段に料理の腕が上がります。

【使い方のコツ1】
ステーキや焼き魚の場合、肉や魚100gに対して塩1g（約小さじ¼）で調味すると、しっかり塩気がつき、たんぱく質のうまみをぐっと引き上げます。炒め物などであれば、肉や魚200g＋野菜200gに対して塩小さじ½の割合で、おいしく仕上がります。

【使い方のコツ2】
塩小さじ½ は2.5g。同じ塩分量は、しょうゆ大さじ1、みそ大さじ1となります。これを知っておくと、同じレシピでも、味つけを自在に変えられます。

【選び方】
スーパーで買える普通の塩で大丈夫。塩茹でするときや下処理、調味など、すべて同じ塩を使いたいので、わが家ではごく一般的な海塩を使っています。

チキンソテー
フレッシュ
トマトソース

皮をカリッと香ばしく、身をふっくらジューシーに焼いたチキンソテーは
塩だけのシンプルな調味でも立派なごちそうに。
フレッシュトマトの酸味や甘みが加わることで、肉のうまみが際立ちます。

作り方 P12 ▶

チキンソテー フレッシュトマトソース

材料　2人分

鶏もも肉＿大1枚(350g)

塩＿小さじ⅔

トマトソース

　トマト＿1個(200g)

　塩＿小さじ½

　オリーブオイル＿大さじ1

　おろしにんにく＿小さじ½

1　鶏肉は大きさを半分に切り、厚い部分と筋の多い部分に2cm間隔ぐらいで切り込みを入れる。全体に塩をなじませる。皮目を下にしてフライパンにはりつけるようにし、フタをして強火にかける。
　●鶏肉は冷蔵庫から出して30分ぐらい常温におくと、火の通りが早い。
　●冷たいフライパンに皮を押しつけるようにしてから火にかけると、身が反りにくく、カリッと香ばしく焼けます。

2　フライパンが熱くなってきたら強めの中火にし、3分ほど蒸し焼きにする。フタを取り、水分を飛ばしながら香ばしい色に焼き上げ、ひっくり返してさらに2〜3分ほど焼く。

3　トマトは2cm角に切る。ボウルにソースの材料を混ぜ合わせて5分ほどおく。焼き上がったチキンソテーにソースをかける。

tips
豚こま切れ肉や牛こま切れ肉でもおいしい。トマトソースの塩をしょうゆ大さじ1に、オリーブオイルをごま油にするのもおすすめ。

ポークソテー 小松菜ソース

材料　2人分

豚ロース肉とんかつ用＿2枚

塩＿小さじ½

オリーブオイル＿大さじ½

小松菜ソース

　小松菜＿½束

　塩＿小さじ⅓

　レモン果汁＿小さじ½

　オリーブオイル＿大さじ1

　おろしにんにく＿小さじ½

1　豚肉は筋の部分に数カ所切り込みを入れ、全体に塩をなじませる。冷たいフライパンにオリーブオイルをひいて豚肉を入れ、フタをして強火にかける。

2　フライパンが熱くなってきたら強めの中火にし、2分ほど蒸し焼きにする。フタを取り、水分を飛ばしながら香ばしい色に焼き上げ、ひっくり返してさらに2分ほど焼く。
　●ポークソテーは焼きすぎるとパサつくので、あともう少し！というぐらいで火を止めてしまって大丈夫。皿に移し、食べはじめる前までに余熱でちょうどよく火が通ります。

3　小松菜は1cm幅のざく切りにする。ボウルにソースの材料を混ぜ合わせて5分ほどおく。焼き上がったポークソテーにソースをかける。
　●少量ですがレモン果汁が入ることで、小松菜独特の青々しい香りがおいしい風味へと変化します。

tips
豚肉の代わりに、鶏もも肉、サケのソテーなどと合わせても。小松菜の代わりに生セロリや生ピーマンでもおすすめ。

ポークソテー 小松菜ソース

········· 生の小松菜を刻んだソースは、
ずっと作り続けている私のお気に入りレシピ。
小松菜の爽やかな香りと肉のうまみが
混ざり合って、絶妙なおいしさに。
大人も子どももハマる味、ぜひ作ってみて。

豚ひき肉と小松菜の炒め物

………… 塩をした肉をしっかり香ばしく炒め、
小松菜とさっと炒め合わせたシンプルな一皿。
くたっと火を通すと味気ない小松菜ですが、
火を通しすぎずに生っぽい香りを残すと
肉との相性が抜群によくなります。

材料　2人分
豚ひき肉__ 200g
塩__小さじ½
小松菜__½束
ごま油__大さじ½

1　ひき肉をフライパンに入れ、塩をふり入れてざっくり混ぜる。ごま油をまわし入れ、火にかける。粗くほぐしながら少し焦げ目がつくまで3〜4分、強めの中火で炒める。

　肉のうまみと香ばしさを出すため、焼き色がつくまでしっかり炒めます。

2　5cm長さに切った小松菜を加え、少ししんなりする程度に炒め合わせて火を止める。

　小松菜は香りや歯ごたえが残るほうがおいしいので、炒めすぎないこと。

tips
豚バラ肉や牛こま切れ肉で作っても。小松の代わりに、豆苗やニラなどでもおいしくできます。

ハンバーグにニラを加えると、複雑な風味が加わり一気に中華風の味わいに。
フライパンをボウル代わりにして肉をこね、そのまま広げて焼くのが私のハンバーグ。
丸める手間がないだけで、気負いなく作れます。お弁当にもおすすめ。

中華風ハンバーグ

材料　2人分
合びき肉＿＿ 250g
玉ねぎ＿＿ 1/4個
ニラ＿＿ 1/3束
小町麩＿＿ 10g（またはパン粉大さじ5）
卵＿＿ 1個
塩＿＿小さじ1/2
パクチー＿＿適量

1　玉ねぎはみじん切り、ニラは1cm長さに切る。小町
　　麩は手で細かく砕く。フライパンにパクチー以外の
　　材料をすべて入れ、粘りが出るまで混ぜる。
　　　●麩をつなぎにすると雑味がなく肉の風味が強く感じられる味わいに
　　なります。

2　フライパンに1cm厚さに広げ、中火にかける。フタ
　　をして3分ほど焼いたらフライ返しで4等分に切り
　　分けてから裏返し、さらに2分ほど焼く。

3　皿に盛り、あればパクチーを添える。

tips
合びき肉を豚ひき肉や鶏ひき肉にしても。
塩をしょうゆ大さじ1に置き換えてもおいしくできます。

肉に塩と小麦粉をまぶし、生クリームと一緒に煮るだけ。
きのこは 2 種類使うと、うまみと香りが複雑になってリッチな味になります。
ご飯に添えても、パスタソースにしてもおいしい。

鶏ときのこのクリーム煮

材料　2人分

鶏むね肉__1枚(250g)

塩__小さじ⅔

小麦粉__大さじ1

エリンギ__1パック

しめじ__1パック

にんにく(薄切り)__½片分

生クリーム(乳脂肪分35%)
__½カップ

水__大さじ2

1　鶏肉は繊維を断つように1cm厚さのそぎ切りにする。全体に塩をふり、小麦粉をまぶしつけ、フライパンに入れる。

2　エリンギは大きめに手でさき、しめじは石づきを取り、大きめにほぐす。材料すべてを1のフライパンに加え、フタをして中火にかけ、途中一度かき混ぜて8分ほど蒸し煮にする。

tips
鶏もも肉やカレー用の豚肉などでも。サケやえびで作るのもおすすめです。

17

タラ、白菜、トマトの洋風鍋

タラ、白菜、トマト、オリーブオイル。⋯⋯⋯
素材それぞれのうまみや甘み、香りが重なって、
塩だけでも十分おいしいお鍋が完成。
トマトのやさしい酸味でさっぱりいただけます。

材料　2人分

生タラ＿2～3切れ(200g)
白菜＿⅛株
トマト＿1個
水＿1½カップ
塩＿小さじ1
オリーブオイル＿大さじ1

1　白菜は5cm長さ、トマトは4等分に切る。タラは3等分に切る。

2　鍋に1、水、塩を入れて強火にかける。沸騰したらフタをして、中火で15分ほど煮る(時々アクをすくう)。

3　仕上げにオリーブオイルをたらす。

tips
タラの代わりに、豚しゃぶ肉や鶏肉団子などでも。白菜の代わりに大根もおすすめです。

スペアリブとれんこんのスープ

……… 骨つき肉はじっくり煮るだけで
うまみがしっかり出るので、
塩だけで驚くほどおいしいスープが
できあがります。
れんこんのやさしい甘み、
ねぎの香りを加えて、より一層味わい深く。

材料　2人分

豚スペアリブ＿300g
塩＿小さじ1
れんこん＿150g
長ねぎ＿½本
水＿3カップ
粗挽き黒こしょう＿適宜

1　れんこんは皮つきのまま乱切り、長ねぎは斜め薄切りにする。

2　鍋に水を入れて沸かし、スペアリブ、塩、れんこんを加える。フタをして、中火で15分ほど煮る（途中で何度かアクをすくう）。

3　仕上げに長ねぎを加え、さっと煮る。器に盛り、好みで黒こしょうをふる。

tips
鶏の手羽元でも。れんこんの代わりにじゃがいもやキャベツなどでも。仕上げにラーメンやうどんを入れてもおいしい。

ズッキーニとえびのフリット

油のコクと香ばしさを味わう揚げ物は、‥‥‥‥‥
潔く「塩だけ」が断然おいしい。
素材に薄い衣をまとわせて
カラッと揚げるこの方法を覚えておくと
肉や野菜をシンプルにおいしく食べたいときに、
役立ちます。

材料　2人分
えび__12尾(約150g)
ズッキーニ__1本(150g)
塩__小さじ½
小麦粉__大さじ2
A
┊ 炭酸水__½カップ
┊ 小麦粉__大さじ4
揚げ油__適量
レモンのくし形切り__適量

1　ズッキーニは8mm厚さの輪切りにする。えびは尾を残し殻をむき、背に切り込みを入れて背わたを取る。えびとズッキーニに塩をふって5分ほどおき、キッチンペーパーなどで水分を拭き取る。

2　ポリ袋に小麦粉(大さじ2)と1を入れ、全体に薄く衣をつける。
● かき揚げなど、薄い衣をつけて揚げたいときは、あらかじめ粉だけを素材につけておくとまんべんなく衣が薄くつきます。

3　ボウルにAの小麦粉を入れ、炭酸水を注ぎながらさっくり混ぜる。
● 炭酸水を使うことで、衣に気泡が入り、サクッと軽い食感になります。

4　鍋に揚げ油を用意し、190度に熱する。2を3の衣に通し、⅓量ずつ3分ほどかけて揚げる。油をきって器に盛り、レモンを添える。

tips
ホタテや鶏むね肉、アスパラやオクラなどでも。

塩をしたカジキの上に、ブロッコリーを散らし、レモンとバターをのせて蒸すだけ。
簡単な手順で、香り豊かな一皿の完成。レモンを加えると味も見た目も洗練されて、
普段の料理がランクアップする気がします。

カジキと
ブロッコリーの
レモン蒸し

材料　2人分

カジキ＿＿2〜3切れ(200g)

塩＿＿小さじ½

ブロッコリー＿＿½株

レモン(輪切り)＿＿2枚

水＿＿大さじ4

バター＿＿10g

1　ブロッコリーは小さめの小房に分ける。カジキは一
　　口大に切り、全体に塩をふる。

2　フライパンにカジキ、ブロッコリー、水を入れ、レ
　　モンとバターをのせる。フタをして中火にかけ、8
　　分ほど蒸し煮にする。

　　◎魚の臭みは、レモンなどの酸味を少し足すと和らぎます。

tips

サケや鶏もも肉でもおいしい。ブロッコリーをいんげんや、かぶにしても。

あさりのうまみが染み込んだ豆腐とわかめがしみじみおいしい。
塩は少量を足すだけ。磯の香りが際立ちます。
食欲がわかないときでもスルリと食べられます。

あさりと豆腐とわかめの蒸し物

材料　2人分

あさり＿＿250g
木綿豆腐＿＿300g
わかめ（乾燥）＿＿5g
塩＿＿小さじ¼
水＿＿大さじ4
白ごま＿＿小さじ1

1　あさりは砂抜きし、こすり洗いする。わかめはたっぷりの水（分量外）で戻し、一口大に切って水気を絞る。豆腐は3cm角に切る。

2　フライパンにあさりと豆腐を入れ、わかめをのせる。塩を全体にふり、水をまわし入れる。フタをして中火にかけ、5分ほど蒸し煮にする。

3　器に盛り、白ごまを散らす。

tips
豆腐を油揚げや大根にして汁を吸わせてもおいしい。わかめは豆苗やパクチーなどにしても。

25

簡単にできてごちそう感の出るオーブン焼き。
にんにくやパセリの香りをまとったカリカリと香ばしいパン粉の衣は、
肉や魚介類、野菜など、なんでもおいしくしてくれます。

鶏肉と玉ねぎのパン粉焼き

材料 **2人分**

鶏もも肉__1枚(250g)

塩__小さじ⅓

玉ねぎ__½個

A

パン粉__大さじ6

パセリ(みじん切り)__大さじ2

にんにく(みじん切り)__1片分

オリーブオイル__大さじ1

塩__小さじ¼

1　玉ねぎはくし形に切る。鶏肉は4等分にし、厚みのある部分には切り込みを入れ、全体に塩をふる。玉ねぎと鶏肉を耐熱容器に並べ入れる(肉が重なり合わないようにする)。

2　Aの材料をよく混ぜて、1の上にのせ、200度に予熱したオーブンで25分ほど焼く。

tips

鶏もも肉を生タラや豚ロース肉にしても。きのこやじゃがいもを加えて具だくさんにしても。パン粉のオイルをごま油、パセリをパクチーにすると一気にエスニックな味わいになります。

鶏むね肉は片栗粉をまぶしてからレンチンするとしっとりジューシーな蒸し鶏に。
香り豊かな三つ葉とオリーブオイルで和えるだけの簡単サラダ。
ご飯のおかずにも、晩酌のお供にも。

レンジ蒸し鶏と三つ葉のおかずサラダ

材料　2人分

鶏むね肉＿1枚(250g)
塩＿小さじ½
片栗粉＿小さじ½
水＿大さじ1
三つ葉＿1パック
オリーブオイル＿大さじ½

1　鶏むね肉は開いて厚みを1㎝ほどにし、30分ほど室温におく。全体に塩をふり、片栗粉をまぶす。耐熱の器に広げて入れ、水を加え、ふんわりとラップをかけ、電子レンジ(600W)で4分加熱してそのまま5分ほどおいておく。

　　片栗粉をまぶしてから加熱すると、しっとりと蒸し上がります。

2　1を大きめにさき、ざく切りにした三つ葉、オリーブオイルと和える。

tips
三つ葉をせりやパクチーにしても。オリーブオイルをごま油にすると中華風に。さらにレモンや白こしょうをたっぷり利かせるのもおすすめ。

27

豚肉にしっかり塩をまぶし、蒸し煮している間にそのうまみと塩気を
全体に行きわたらせるのがおいしさのコツ。スープの素を使わなくても、
肉や野菜のうまみだけで十分においしくなります。

具だくさんビーフン

材料　2人分
豚バラ薄切り肉＿ 150g
塩＿小さじ¾
白菜＿ 3枚
にんじん＿ ⅓本
ニラ＿ ¼束
乾燥ビーフン＿ 100g
ごま油＿ 小さじ1
水＿ 1カップ

tips
豚バラ肉の代わりにあさりにしても。
白菜を小松菜や長ねぎにしてもよい。

1　白菜は5㎝長さの1㎝幅、にんじんは短冊、ニラは
　　5㎝長さに切る。豚肉は5㎝長さに切り、全体に塩
　　をまぶす。

2　ビーフンは水でさっと洗い、フライパンに広げ入れ、
　　水、ごま油をまわし入れる。ビーフンの上に豚肉、
　　白菜、にんじん、ニラの順に重ねる。

3　フタをして強めの中火にかけ、フツフツしてきてか
　　ら3分ほど煮る。フタを取ってひと混ぜし、フタを
　　してさらに1〜2分煮る（ビーフンの太さによって加減する）。

ゴロンと大きなにんじんがそのまま入った炊き込みご飯。
にんじんを丸のまま炊き込むことで甘みや香りが引き立ちます。
クリーム煮やトマト煮など洋風メニューと一緒にいただいても。

主菜　塩だけ

丸ごと
にんじんピラフ

材料　4人分
にんじん＿＿１本(120g)
米＿＿２合
厚切りベーコン＿＿60g
ローリエ＿＿１枚
塩＿＿小さじ１
バター＿＿10g

1　米はといで水気をきり、炊飯器に入れる。普通に炊
　　くときと同じ分量の水(分量外)を入れ、30分ほどおく。

2　にんじんは皮をむく。ベーコンは１cm幅に切る。**1**
　　に塩を加えて混ぜ、ベーコンを散らし、真ん中にに
　　んじんを置く。バターとローリエをのせて炊飯器で
　　普通に炊く。

3　炊き上がったら、にんじんを崩しながら混ぜ合わせ
　　る。

tips
ブロッコリーで同様に作ってもおいしい。そのまま一株どんとおくと、イ
ンパクト大。同量のにんじんをすりおろして作ると、オレンジ色のご飯に
なり、子どもたちにも人気です。

しょうゆ
だけ

香ばしい風味やうまみ、甘みがあるしょうゆ。和風の煮物に欠かせず、日本人に一番身近な調味料ですが、案外しょうゆだけを使った料理を作ることは少ないかもしれません。料理にこっくり茶色い色がつくのも特徴。視覚的にも食欲を刺激します。少し焼いてこんがりさせると、より香ばしくなって味に深みが出ます。

【使い方のコツ1】
肉や魚100gに対してしょうゆ大さじ½弱で調味すると、ちょうどいい塩加減に。炒め物なら、肉や魚200g＋野菜200gに対してしょうゆ大さじ1程度です。

【使い方のコツ2】
しょうゆ大さじ1に対して、同じ塩加減にするには塩小さじ½、みそ大さじ1ぐらいが目安です。

【選び方】
酸化すると風味が著しく落ちるため、味や高級さにこだわるよりも鮮度を大事にしたいしょうゆ。最近ではもっぱら、開封後も空気に触れないタイプのしょうゆを愛用しています。

豚肉の脂と大根の甘みを引き立てる、
シンプルなしょうゆ煮。大根は皮ごと使うと、
甘みや味がしっかり感じられて一層おいしく。
わが家でもよく登場するご飯に合うおかずです。

豚バラと大根の
しょうゆ煮

作り方 P32 ▶

豚バラと大根のしょうゆ煮

材料　2人分
豚バラ薄切り肉＿＿200g
大根＿＿¼本（250g）
サラダ油＿＿小さじ1
しょうゆ＿＿大さじ1½
水＿＿½カップ
万能ねぎ＿＿適量

1　大根は皮つきのまま小さめの乱切りにする。豚肉は10cm長さに切る。

2　フライパンを熱して油を入れ、豚肉と大根を加える。香ばしい焼き目がつくまで、強火で4〜5分焼く。
　◉豚肉と大根にしっかり焼き色をつけるのがおいしさの秘訣。

3　水、しょうゆを加え、フタをして中火で5分煮る。器に盛り、小口切りにした万能ねぎをたっぷりのせる。

tips
大根の代わりに長ねぎやいんげんなどでも。しょうゆをみそ大さじ1½に替えると、よりコクのある仕上がりに。

鶏ももと大根のしょうゆ煮 ＊写真は倍量で作りました。

材料　2人分
鶏もも肉＿＿1枚（250g）
大根＿＿¼本（250g）
しょうが＿＿1片
ゆで卵＿＿2個
　（沸騰した湯に冷蔵庫から出したての卵を入れて8分茹でたもの）
しょうゆ＿＿大さじ2½
水＿＿1½カップ

1　大根は皮をむいて1cm厚さの半月切りに、しょうがは皮つきのまま薄切りにする。鶏肉は8等分に切る。

2　鍋に水を入れて火にかけ、沸騰したら卵以外の材料をすべて入れる。フタをして弱めの中火で15分ほど煮る。卵を加えひと煮立ちしたら、そのまま10分おく。
　◉煮るのは短時間ですが、そのまま10分おくことで、味もしっかり染み込みます。

tips
大根の代わりにれんこんや里いもなどでも。

鶏ももと大根の しょうゆ煮

鶏肉と大根を一緒にじっくり煮て、甘みとうまみを引き出します。
しょうゆのうまみとコクのおかげで、短時間でもおいしい煮物に。
飽きのこない、ほっとする味わいのおかずです。

手羽中の唐揚げ

………… 下味はしょうゆとにんにくだけ。
片栗粉をまぶして揚げればできあがり。
あっけないほど簡単ですが、
「これでいいんだ！」と思える確かなおいしさ！
しょうゆの香ばしさが後をひく、
子どもたちが大好きな唐揚げです。

材料　2人分
手羽中__16本 (350g)
しょうゆ__大さじ1½
おろしにんにく__小さじ½
片栗粉__大さじ3
揚げ油__適量

1　手羽中をポリ袋に入れ、しょうゆとにんにくを加えてもみ込み、そのまま5分ほどおく。

2　別のポリ袋に片栗粉を入れて1を加え、全体にまぶしつける。

3　フライパンに高さ1㎝ほどの油を入れ、余分な粉を落としながら2を並べる。フライパンを火にかけ、少し色づく程度まで3分ほど強めの中火で揚げ、いったん火を止めてそのまま3分ほどおく。再び強火にし、さらに3〜4分ほど、全体に香ばしい揚げ色がつくまで時々返しながら揚げる。

　油が冷たいうちに具材を並べると慌てずにすみ、また油が温まる間にも具材に火が入るので、時短にもなります。
　二度揚げにする際、普通だと一度取り出すところを、私はそのまま油の中で休ませます。その間に肉汁が出て油を吸いますが、再度しっかり高温で揚げることで油っぽくならず、中まで火が通り、時間が経ってもカリッとした揚げ物になります。

tips
鶏もも肉(小さめに切る)や、手羽元でも。仕上げに七味や山椒、粗挽き黒こしょうをたっぷりふるのもおすすめ。

牛肉としょうゆのうまみ、パプリカの甘み、セロリの香り。
ひとつひとつがきちんと生きることでおいしくなる、シンプルな炒め物。
野菜は最後にさっと炒め合わせて、火を通しすぎないのがコツ。

牛肉、パプリカ、セロリの炒め物

材料 2人分
牛こま切れ肉__ 200g
パプリカ__½個
セロリ__1本 (100g)
ごま油__大さじ1
しょうゆ__大さじ1½

1 パプリカは乱切り、セロリは芯の部分は7mm幅の斜め切り、葉はざく切りにする。牛肉は食べやすい大きさに切る。

2 フライパンを熱して油を入れ、牛肉を炒める。肉に火が通ったらしょうゆをまわし入れる。全体を混ぜながら少し炒めたら、セロリとパプリカを加え、しんなりするまで2分ほど炒める。

tips
牛肉の代わりに、豚こま切れ肉や豚バラ肉でも。セロリの代わりに、小松菜、長ねぎ、豆苗などでも。

しっかりしょうゆ味の豚ひき肉と、ほっくり甘いさつまいもが絶妙なおいしさ。
バターの香りとコクも外せません。子どもたちが大好きな味。
大人用には七味をふると新鮮な味わいに。

豚ひき肉とさつまいもの炒め物

材料　2人分
豚ひき肉＿＿200g
さつまいも＿＿150g
バター＿＿10g
しょうゆ＿＿大さじ1
七味唐辛子＿＿適宜

1　さつまいもは皮つきのまま1cm厚さのいちょう切り
　　にし、水にさらす。耐熱容器に並べ、ふんわりとラ
　　ップをかけ、電子レンジ(600W)で3分加熱する。

2　フライパンにバターを熱し、ひき肉を入れて粗くほ
　　ぐしながら炒める。火が通ったらしょうゆをまわし
　　入れてひと混ぜし、さつまいもを加え、強めの中火
　　で3分ほど炒める。器に盛り、好みで七味をふる。

tips
豚ひき肉を牛こま切れ肉や豚こま切れ肉にしても。さつまいもをかぼちゃ
やじゃがいもにしてもおいしい。

豚肉、トマト、里いものしょうゆ煮

和風の煮物にしがちな里いもは、⋯⋯⋯⋯
トマトと煮ると新鮮なおいしさ。
豚肉、しょうゆのコクが
トマトの酸味をまろやかにまとめます。
わが家でもくり返し作っている
お気に入りのレシピ。

材料 2人分
豚こま切れ肉＿200g
トマト＿1個
里いも＿6個(300g)
にんにく＿1片
しょうゆ＿大さじ1½
水＿½カップ

1 豚肉は食べやすい大きさに切る。鍋に入れ、しょうゆをまわし入れてなじませ、5分ほどおく。里いもは皮をむいて1cm厚さに切る。トマトは6等分のくし形に切る。にんにくは薄切りにする。

2 豚肉を入れた鍋に材料をすべて入れ、フタをして中火にかけ、10分ほど蒸し煮にする。里いもに竹串を刺してまだ硬ければ、そのまま5分おく。

tips
豚こま切れ肉を豚バラ肉、鶏もも肉に替えても。里いもをじゃがいも、長いもにしても。

玉ねぎの甘み、香りが自然の調味料。
みそ漬けにしたような味わい深いポークソテーになります。
すりおろし玉ねぎの効果で肉も柔らかくなって食べやすい。

豚肉のおろし玉ねぎ マリネ焼き

材料　2人分
豚肩ロース肉しょうが焼き用
__200g
玉ねぎ__¼個
しょうゆ__大さじ1
サラダ油__大さじ½
ベビーリーフ__適量

1　バットに玉ねぎをすりおろし、しょうゆと混ぜ合わせる。豚肉を入れてなじませ、5分ほどおく。

2　フライパンを熱して油を入れ、1をたれごと加える。強めの中火で両面を香ばしく焼く。皿に盛り、ベビーリーフを添える。

tips
おろし玉ねぎのたれに漬け込んだまま、冷蔵や冷凍保存も可能。冷凍した場合は冷蔵庫で解凍してから同様に焼きます。

浸しだれは、だしとしょうゆですっきりとした味わいに。
ねぎ、にんじんと漬けることで風味が加わります。
香ばしさも立派な調味料のひとつ。

さわらとねぎ、にんじんの焼き浸し

材料　2人分

さわら＿＿2～3切れ(200g)
長ねぎ＿＿1本
にんじん＿＿½本
サラダ油＿＿大さじ1
A
└ だし汁＿＿½カップ
　しょうゆ＿＿大さじ1½
　おろししょうが＿＿小さじ1

1　長ねぎは3cm長さのぶつ切り、にんじんは7mm厚さの半月切りにする。さわらは2～3等分に切る。Aはバットに混ぜ合わせておく。

2　フライパンを熱して油を入れ、さわら、ねぎ、にんじんを加える。両面に香ばしい焼き色がつくまで4分ほど、強めの中火で焼く。

3　2を熱いうちにAのバットに取り、30分ほど漬け込む。

tips
さわらの代わりにカジキや鶏むね肉などでも。身の締まった肉や魚が、しっとりおいしく食べられます。

白菜と手羽元の中華風鍋

………… じっくり煮ることで骨つき肉のうまみと
白菜の甘みを存分に引き出します。
しょうゆだけのシンプル調味で、
奥深くも食べ飽きない味。
スープに溶け出たおいしさを吸った春雨も
大好物です。

材料　2人分
鶏手羽元__6本(300g)
白菜__1/8株
乾燥春雨__30g
しょうゆ__大さじ2
にんにく__1片
しょうが__1片
水__2カップ

1　手羽元はしょうゆをもみ込み、10分ほどおく。白菜は芯を除いて大きめのざく切り、にんにく、しょうがは薄切りにする。

2　鍋に材料をすべて入れ(手羽元はしょうゆごと)、強火にかける。沸騰したら中火にし、フタをして15分ほど煮る。

tips
手羽元の代わりに豚スペアリブでも。

しょうゆのおいしさが引き立つシンプルなたれは、
肉や魚、どんなものにかけてもおいしく、とても重宝します。
脂の多いブリはこんなふうに茹でると魚臭さが落ち、食べやすくなります。

ゆでブリ、ねぎしょうゆだれ

材料　2人分

ブリ__2〜3切れ(200g)
かぶ__½束
たれ
┌ 長ねぎ__½本
│ しょうが__1片
│ しょうゆ__大さじ1
└ ごま油__大さじ1

1　ねぎは縦半分に切ってせん切り、しょうがもせん切りにする。たれの材料を混ぜ合わせ、5分ほどおく。

2　かぶは皮をむき6〜8等分のくし形切り、葉は5cm長さのざく切りにする。ブリは一口大に切る。

3　鍋に湯を沸かし、かぶの実と葉をさっと茹でてザルにあげる。そのままの湯でブリを3分ほど茹でてザルにあげる。

4　3の水気をきって器に盛り、1をかける。

tips
ブリをタラやさわらなどにしても。

44

しょうゆベースのねぎしょうがだれは、
油をオリーブオイルにすると、洋風なものにも合いやすくなります。
ご飯にのせて丼にしても。

サーモンとアボカドのサラダ

材料　2人分

サーモン＿＿150 g
アボカド＿＿1個
たれ
　長ねぎ＿＿½本
　しょうが＿＿1片
　しょうゆ＿＿大さじ1
　オリーブオイル＿＿大さじ1

1　ねぎは縦半分に切ってせん切り、しょうがもせん切りにする。たれの材料を混ぜ合わせ、5分ほどおく。

2　サーモンとアボカドを一口大に切って器に盛り、**1**をかける。

tips
サーモンをマグロ、カツオにしても。たれに七味や粗挽きこしょうを足してスパイシーにしてもおいしい。

45

オイルサーディンとレモンのパスタ

……… しょうゆの香ばしさとコクが、
サーディンのうまみをぐっと引き上げてくれます。
レモンの輪切りを炒め、ソース全体に
酸味や皮の苦みをしっかり利かせることで、
魚の臭みを和らげ、印象的な一皿に。

材料　2人分
オイルサーディン＿1缶
にんにく＿1片
赤唐辛子＿½本
オリーブオイル＿大さじ1
レモンの輪切り＿2枚
しょうゆ＿大さじ1
スパゲッティ＿160g
イタリアンパセリ＿適量

1　鍋にたっぷりの湯を沸かし、1％の塩（分量外）を入れてスパゲッティを袋の表示時間より1分短く茹でる（茹で汁大さじ5を取っておく）。

2　オイルサーディンは油をきる。にんにくは薄切り、赤唐辛子は種を取り、小口に切る。

3　フライパンにオリーブオイルとにんにくを入れ、中火にかける。にんにくがうっすら色づくまで炒めたら、オイルサーディン、赤唐辛子、レモンを加えて炒める。レモンがしんなりしてきたら、しょうゆをまわしかけ、茹でたスパゲッティと茹で汁大さじ5を混ぜ合わせる。

4　皿に盛り、刻んだイタリアンパセリを散らす。

tips
レモンの代わりに、香味野菜（パセリ、大葉、青ねぎ）などをいつもよりたっぷり、仕上げに加えるのもおすすめです。

しょうゆ味をつけたひき肉、ピーマンの青い香り、卵の風味が味の柱。
最後に味つけしようとせず、それぞれの味を生かすようにまとめると、
メリハリのあるおいしいチャーハンになります。

ひき肉チャーハン

材料　2人分

豚ひき肉＿＿100g
卵＿＿2個
ピーマン＿＿2個
にんにく＿＿1片
しょうゆ＿＿大さじ1½
温かいご飯＿＿2膳分
サラダ油＿＿大さじ½

tips
ピーマンの代わりに、ニラ、パクチー、
長ねぎなどでもよい。

1 　卵は溶きほぐす。ピーマンは8㎜の角切り、にんにくはみじん切りにする。

2 　フライパンを熱して油を入れ、卵液を入れて半熟になったら取り出す。

3 　同じフライパンに豚ひき肉を入れ、中火で焼く。カリカリと香ばしい焼き色がついたらしょうゆをまわし入れ、少し炒める。

4 　にんにく、ピーマンを加えてさっと炒め、2の卵とご飯を加えて混ぜ合わせる。
　●ご飯を加えてからは炒めなくてもよい。豚肉の脂を全体にからませるように混ぜる。

肉のうまみと油のコクがあれば、
しょうゆの風味だけでおいしい焼きそばになります。
香りと歯ごたえのある野菜が、味と食感のアクセントに。

豚バラと豆苗のしょうゆ焼きそば

材料　2人分

豚バラ薄切り肉__200g
豆苗__1パック
中華蒸し麺__2玉
しょうゆ__大さじ1½

tips
豆苗はニラ、小松菜などにしてもおい
しい。

1　豆苗、豚肉は5cm長さに切る。中華麺は、耐熱容器
に移し、ふんわりとラップをかけて電子レンジ(600W)
で2分加熱する。
　　中華麺は、炒めるときに水分を加えると麺がふやけてしまうので、
あらかじめ電子レンジで温めてほぐしておき、極力水分は追加しない
ようにすると、モチッとおいしい焼きそばになります。

2　フライパンに豚肉を入れ、強めの中火で3分ほど、
脂をしっかり出しながらこんがり炒める(脂が多すぎる
ようであれば、キッチンペーパーで少し拭き取る)。

3　しょうゆをまわし入れ、中華麺、豆苗も加えてほぐ
しながら炒め合わせ、火を止める。

大豆を熟成して造られるみそ。塩味とともに、甘み、うまみがしっかりとあります。淡白な素材にはコクを足し、少しクセのある素材にはその臭みを消し、食べやすくしてくれます。肉や魚の脂、ねぎやにんにく、しょうがといった香味野菜と相性がよく、相乗効果でおいしくなります。

みそ だけ

【選び方】
地域によって慣れ親しんだみその味はそれぞれ違うでしょう。調味に使うときに一番スタンダードだと思うのは、信州みそ。甘みとうまみ、塩味のバランスのとれたみそで、本書のレシピでも使用しています。

【使い方のコツ1】
肉や魚100gに対してみそ大さじ½弱で調味すると、ちょうどいい塩加減に。炒め物なら、肉や魚200g＋野菜200gに対してみそ大さじ1程度です。みそは固形に近く調味の際そのまま使うとなじみにくい場合は、水で溶いて使います。酒で溶いてもよいですが、味わいに大きく影響しないので水で十分だと思います。

【使い方のコツ2】
みそ大さじ1に対して、同じ塩加減にするには塩小さじ½、しょうゆ大さじ1が目安です。

みそは、メーカーや種類によって塩分量が異なります。本書では比較的一般的な塩分量が100gあたり食塩相当量12gのものを使用しています。ご家庭にあるみその塩分量と差がある場合は量を加減してください。

豚肉を焼いて出てきた脂で、
みそを香ばしく炒めるのがポイント。
調味料がみそだけでも味わいに深みが出ます。
最後、キャベツは火を通しすぎないほうが、
甘みがしっかり残ります。

キャベツと
豚バラの
みそ炒め

作り方 P52 ▶

キャベツと豚バラのみそ炒め

材料　2人分
豚バラ薄切り肉＿＿200g
キャベツ＿＿⅛個
みそ＿＿大さじ1
水＿＿大さじ1

1　キャベツは3cm角、豚肉は10cm長さに切る。

2　フライパンに豚肉を入れ、強めの中火で3〜4分ほどカリッと焼いて脂を出す。水で溶いたみそを加え、香ばしい香りが出るまで炒める。

3　キャベツを加え、歯ごたえが残る程度にさっと炒めて火を止める。

　●キャベツは、味のしっかりついた肉とからませる程度でよく、火を通しすぎない。

tips
キャベツの代わりに、なす、ピーマンなどでもよい。

パプリカと豚肉のみそ炒め

材料　2人分
豚こま切れ肉＿＿200g
パプリカ＿＿1個
みそ＿＿大さじ1
おろしにんにく＿＿小さじ½
ごま油＿＿大さじ½
粗挽き黒こしょう＿＿適宜

1　パプリカは1cm幅に、豚肉は食べやすい大きさに切る。フライパンに豚肉を入れ、みそ、おろしにんにくを肉にもみ込み5分ほどおく。

2　1のフライパンにごま油をまわしかけ、パプリカも加える。強めの中火で、3〜4分ほど炒める。器に盛り、好みで黒こしょうをふる。

tips
豚肉を牛こま切れ肉やイカにしても。パプリカをいんげんやにんじんにしても。大人用に、みそに豆板醤を少し加えるのもおすすめです。

主菜　みそだけ

パプリカと豚肉のみそ炒め

脂の少ない肉の場合は、
最初に肉にみそをもみ込むことで、
しっかり味が入り、
肉の臭みを取る効果もあります。
パプリカをしっかり炒めることで、
甘みも加わります。

厚揚げ、なす、玉ねぎのみそ炒め煮

………… 少し多めの油で玉ねぎとなすを炒め、
野菜の甘みを最大限に引き出すのがポイント。
みその風味とコクで、
肉や魚がなくても満足する一皿に。
最後に加える大葉の風味が
みそとよく合います。

材料　2人分
厚揚げ＿＿１枚
なす＿＿３本
玉ねぎ＿＿½個
大葉＿＿５枚
ごま油＿＿大さじ１
みそ＿＿大さじ１½
水＿＿½カップ

1　なすは1cm幅の輪切りにして水にさらす。玉ねぎは
　　4等分のくし形、厚揚げは一口大に切る。

2　フライパンを熱してごま油を入れ、**1** を強めの中火
　　で３分ほど炒める。

3　水で溶いたみそを加え、中火で５分ほど煮る。最後
　　にちぎった大葉を加え、ひと混ぜする。

tips
なすの代わりに、ブロッコリーやにんにくの芽などでも。

55

ニラとみそ、相性のいい2つの素材を混ぜ合わせて焼き衣に。
淡白な鶏むね肉に、チーズと一緒にのせて焼けば、ボリューミーな一皿に。
こんがり焼いたみそとチーズは、間違いのないおいしさ。

鶏むね肉の
ニラみそ焼き

材料 2人分
鶏むね肉__1枚(250g)
ニラ__5本
みそ__大さじ1½
シュレッドチーズ__50g

1 ニラはみじん切りにし、みそと混ぜ合わせる。鶏肉は皮を外し、繊維を断つように1cm厚さのそぎ切りにする。

2 耐熱皿に鶏肉を並べ、ニラみそを塗り、チーズをのせる。

3 200度に予熱したオーブン、またはトースターで10分ほど焼く。

tips
鶏むね肉の代わりにサンマ、アジ、ブリなどでも。ニラみそが、魚の臭みを緩和してくれます。

あっさり物足りなく感じてしまう鶏ひき肉は、
みそのコクと香りで味つけするとご飯に合うおかずになります。
お弁当にもおすすめ。

鶏つくね

材料　2人分

鶏ももひき肉__250g
長ねぎ(白い部分)__½本
卵__1個
みそ__大さじ1½
片栗粉__大さじ1½
サラダ油__大さじ½
大葉__2枚

1　長ねぎはみじん切りにする。ボウルにサラダ油と大葉以外の材料をすべて入れ、よくこねる。

2　フライパンに油を入れ、1をスプーンで一口大の大きさに落とす。フタをして強めの中火で3分ほど焼き、裏返してさらに2分ほど焼く。

　　スプーンでざっくり落とすぐらいで大丈夫。焼いているうちに形が整ってきます。

3　器に大葉を敷き、盛りつける。

tips
つくねに白ごまや青のりを混ぜ込むのもおすすめ。今回は小さく団子状にしましたが、フライパンに大きく広げて焼いてから、一口大に切っても。

豚肉とチンゲン菜の豆乳みそ鍋

.... 台湾料理「鹹豆漿」(台湾風豆乳スープ)を
イメージ。
豆乳のまろやかなコクに
みそと桜えびの風味が加わって、
どんどん食べられるおいしさに。
最後にうどんを入れても。

材料 2人分
豚肩ロース肉しゃぶしゃぶ用
__200g
チンゲン菜__1袋
桜えび__大さじ1
水__1½カップ
みそ__大さじ2½
豆乳__1カップ
ラー油__適量

1 チンゲン菜は根元を縦4～6等分に、葉はざく切りにする。

2 鍋に水を入れて火にかけ、沸騰したら豚肉をほぐしながら入れる。続いてチンゲン菜、桜えびも入れて中火で8分ほど煮る。

3 みそを溶き入れ、豆乳を加え、ひと煮立ちしたら火を止める。好みでラー油をたらす。
　●無調整豆乳は加熱すると分離しやすいので、分離するのを避けたい場合は調整豆乳がおすすめです(写真は調整豆乳)。私は分離した豆乳も豆腐みたいで好きなので、普段は無調整を使います。
　●仕上げに天かすや黒酢をかけてもおいしい。

tips
豚しゃぶ肉の代わりに豚バラ肉を使うと、よりコクのある仕上がりに。チンゲン菜をニラやパクチーなど香りのある野菜にしても。

サケとじゃがいものみそ蒸し煮

「ちゃんちゃん焼き」をより簡単に。‥‥‥‥
全体に味をつけるのではなく、
サケだけにしっかりみそをからめることで、
サケのうまみが引き立ちます。

材料 2人分
サケ＿2切れ(200g)
じゃがいも＿2個
しいたけ＿4個
みそ＿大さじ1
水＿大さじ4
バター＿10g

1 じゃがいもは拍子木切りにして、水に5分ほどさらす。しいたけは軸を除いて半分に、サケも半分に切る。
　じゃがいもは小さめに切ることで短時間で火が通りやすくなります。

2 フライパンにサケを入れ、水(大さじ1)で溶いたみそをからめる。隙間にじゃがいもを入れ、しいたけとバターを上にのせる。水(大さじ3)をまわし入れ、フタをして中火で8分ほど蒸し煮にする。

tips
サケを鶏もも肉やカジキにしてもおいしい。バターの代わりにごま油(大さじ½)にするとよりこっくりとした味わいに。

カジキの カレーみそ漬け

………… みそとカレー、意外な組み合わせですが、
びっくりするほどよく合います。
不思議とタンドリーチキンを思わせる味わい。
淡白なカジキが、ご飯のすすむおかずに。

材料 2人分
カジキ＿ 2〜3切れ（200g）
アボカド＿ 1個
A
　みそ＿大さじ1½
　水＿大さじ1
　おろしにんにく＿小さじ½
　カレー粉＿小さじ½

1　アボカドとカジキは一口大に切る。Aを混ぜ合わせ
　　たものをからめて耐熱皿に並べ、5分ほどおく。

2　200度に予熱したオーブン、またはトースターで10
　　分ほど焼く。

tips
カジキの代わりに、サケやえびなどでも。

山梨の郷土料理「ほうとう」は家族が好きで家でもよく登場するメニュー。
かぼちゃをたっぷり入れてだしに甘みを出すのがポイント。
寒い季節の朝ごはんにいただくと、からだが温まります。

ほうとう

材料　2人分

冷凍うどん＿2玉
豚バラ薄切り肉＿100g
かぼちゃ＿⅛個
まいたけ＿1パック
長ねぎ＿½本
だし汁＿4カップ
みそ＿大さじ3
七味唐辛子＿適宜

1　冷凍うどんは袋の表示通りに解凍する。かぼちゃは
　6等分、ねぎは斜め薄切り、豚肉は5cm長さに切る。
　まいたけは食べやすい大きさに手でさく。

2　鍋にだし汁、かぼちゃを入れて火にかける。沸騰し
　たら豚肉、まいたけ、ねぎ、うどんを入れ、みそも
　溶き入れて、中火で5分ほど煮る。

3　器に盛り、好みで七味をふる。

tips
豚バラ肉は鶏もも肉にしても。きのこは複数の種類を加えると、より滋味
深い味わいに。

玉ねぎの甘みと鶏肉のうまみで、みそだけでもご飯がすすむそぼろに。
わが家では多めに作って冷蔵庫に常備。子どもたちが帰宅して
夕飯まで待っていられないときに、ミニ丼を作ったりして役立っています。

鶏そぼろ丼

材料　2人分

A
　鶏ももひき肉＿＿200g
　玉ねぎ＿＿¼個
　おろししょうが＿＿小さじ½
　みそ＿＿大さじ1½
　水＿＿大さじ2
温かいご飯＿＿2膳分
温泉卵＿＿2個
万能ねぎ＿＿適量

1　玉ねぎはみじん切りにする。

2　鍋にAをすべて入れ、菜箸でよく混ぜ合わせる。
　　そぼろは、水分を加えてよく混ぜながら火を通すことで、しっとり
　　仕上がります。

3　鍋を火にかけ、沸騰したら中火にし、菜箸でかき混
　　ぜながら肉に火が通りふんわりした状態になるまで
　　5分ほど煮る。

4　ご飯に3をのせて、温泉卵と万能ねぎを添える。

tips
豚ひき肉のそぼろにしても。玉ねぎをすりおろしのにんじん(¼本分)にす
ると、また違ったおいしさに。

65

白だし だけ

和風だしに白しょうゆ、砂糖、みりんなどが配合された複合調味料。めんつゆよりもやや甘みが少なく、料理の色をきれいに仕上げることができます。うまみが濃厚で、シンプルに使うとやや締まりのない印象になりがちですが、ねぎやにんにくなど香りの強い野菜を合わせると、グッと味がよくなります。

【選び方・使い方のコツ】
スーパーで買える普通のもので。甘みやうまみが強すぎない、比較的あっさりとしたタイプが万能に使えておすすめ。肉や魚100gに対して白だし小さじ2、炒め物なら、肉や魚200g＋野菜200gに対して白だし大さじ1強がおいしい目安。

材料 2人分
豚肩ロース肉しゃぶしゃぶ用
＿＿200g
サラダほうれん草＿＿1袋
A
｜ 白だし＿＿大さじ2
｜ 絹豆腐＿＿100g
｜ 長ねぎ＿＿¼本
｜ ごま油＿＿小さじ1

1 鍋に湯を沸かし、豚肉を2回に分けて入れ、各1分ほど茹でる。湯をきってボウルなどに取り出し、ラップをかけて5分ほどおいて粗熱を取る。

● 茹でた肉は水に取らず、ラップをかけて乾かないようにして粗熱を取ると、うまみが流れ出ず、しっとりおいしくいただけます。

2 長ねぎはみじん切り、絹豆腐は粗く崩す。Aを混ぜ合わせる。

3 ざく切りにしたサラダほうれん草と1を合わせて器に盛り、2をかける。

tips
サラダほうれん草の代わりに、生の小松菜や春菊でも。絹豆腐の代わりにアボカドをつぶしたものを使ってもおいしい。

豚しゃぶとほうれん草のサラダ

白だし＋絹豆腐でしゃぶしゃぶだれに。
白だしは味がしっかりしていてうまみも強いので、
ねぎなどの香りを利かせると、よりおいしく感じます。

白だしの煮物は薄く色づくので、白い野菜を使うと、きれいな仕上がりになります。
バターを合わせると、一気に洋風な味わいに。
秋冬に食べたくなるメニューです。

鶏肉とカリフラワーのバター蒸し

材料　2人分
鶏もも肉＿＿1枚(250g)
カリフラワー＿＿½個(200g)
にんにく＿＿1片
白だし＿＿大さじ2
バター＿＿10g
水＿＿大さじ4
粗挽き黒こしょう＿＿適宜

1　鶏肉は6等分に切る。フライパンに入れて白だしをかけてなじませ、5分ほどおく。

2　カリフラワーは小房に切る。にんにくは薄切りにする。

3　1の肉の隙間にカリフラワーを入れ、にんにく、バターを散らす。水をまわし入れてフタをし、中火で8分ほど蒸し煮にする。水分が多すぎるようなら最後、強火にして少し煮詰める。器に盛り、好みで黒こしょうをふる。

tips
カリフラワーの代わりにれんこんや百合根でも。

白だしで作るとえびと卵の色がきれいに出て、味もしっかり決まります。
ニラの香りがあると、味にパンチが効いてバランスよく。
焼きそばにのせたり、ご飯にのせて丼にしても。

えびと卵の中華炒め

材料　2人分

えび＿＿ 12 尾（約 150g）
卵＿＿ 3 個
ニラ＿＿ ½ 束
にんにく＿＿ ½ 片
ごま油＿＿ 大さじ ½
白だし＿＿ 大さじ 2

1　えびは殻をむき、背に切り込みを入れて背わたを取る。ニラは 5㎝ 長さに、にんにくはみじん切りにする。卵は溶きほぐす。

2　フライパンを熱してごま油を入れ、えびとにんにくを強めの中火で炒める。えびの色が変わったら、ニラと白だしを加えさっと混ぜ、さらに溶き卵を加えて半熟に炒める。

tips
えび以外に、豚こま切れ肉や鶏もも肉で同様に作っても。しょうがのせん切りを加えたり、ニラを長ねぎに替えるのもおすすめ。

69

かぶと豚ひき肉のとろみあんかけ

あらかじめ肉を片栗粉で ………
コーティングすると、口触りもよく、
煮汁にもほどよいとろみがつきます。
かぶの葉としょうがの香りで、
白だしのうまみも引き立ちます。

材料　2人分

豚ひき肉＿200g
かぶ＿2〜3個
片栗粉＿大さじ1½
A
　水＿1カップ
　白だし＿大さじ3
　おろししょうが＿小さじ1

1　かぶは皮をむき、6等分のくし形に切る。葉は5cm
　長さのざく切りにする。豚ひき肉に片栗粉をふって、
　ざっくり混ぜる。

2　鍋にAを入れて火にかける。沸騰したら、強めの中
　火にし、ひき肉を小さめの一口大にちぎって落とし
　入れる。かぶとかぶの葉も入れてとろみがつくまで
　かき混ぜながら3分ほど煮る。

tips
豚ひき肉を鶏ひき肉や鶏むね肉、タラにしても。仕上げにごま油やオリー
ブオイルをたらして風味をつけるのもおすすめ。

71

オイスターソースだけ

牡蠣の凝縮したうまみをベースにした調味料。独特な風味とコク、甘みがあり、中華料理によく使われます。トマトの酸味、ややクセのある青菜など、個性の強い野菜と組み合わせると、オイスターソースの濃厚さに負けることなく、おいしくまとまります。

【選び方・使い方のコツ】
うまみが強いもの、甘みが強いものなどメーカーによって違いがあります。私はバランスのとれた「李錦記」のものをよく使っています。肉や魚100gに対してオイスターソース大さじ½、炒め物なら、肉や魚200g＋野菜200gに対してオイスターソース大さじ1がおいしい目安。

材料　2人分
鶏もも肉＿1枚(250g)
オリーブオイル＿大さじ½
A
　ミックスビーンズ＿100g
　トマト水煮＿½缶(200g)
　にんにく＿1片
　オイスターソース＿大さじ2

1　鶏肉は4等分に切り、厚みのある部分は切り込みを入れる。にんにくは薄切りにする。

2　フライパンにオリーブオイルをひき、鶏肉を皮目を下にして入れて火にかける。強めの中火で焼き色がつくまで3分ほど焼き、裏返して2分ほど焼く。

3　Aを加え、10分ほど中火で煮る。

tips
鶏もも肉の代わりに、豚肩ロース薄切り肉や鶏手羽元でも。ミックスビーンズの代わりにゆで大豆、さつまいもなども。

鶏肉とトマトの煮込み

オイスターソースは、煮込みのコク出しに使うと便利。
トマトの酸味や香りと相性がよく、洋風料理にも合います。
煮込み時間が短くても、深みのある味わいに。

オイスターソースを使ったごくシンプルな炒め物。
肉を炒め、オイスターソースにも火を入れてさらに香ばしさを出します。
小松菜のみずみずしさや香りがアクセント。ご飯にもぴったり。

牛肉と小松菜のオイスターソース炒め

材料 2人分
牛こま切れ肉__ 200g
小松菜__ ½束
オイスターソース__ 大さじ1½
ごま油__ 大さじ½

1 小松菜は5cm長さに、牛肉は食べやすい大きさに切る。

2 フライパンを熱し、ごま油を入れて強めの中火で牛肉を炒める。肉に火が通ったらオイスターソースを加え、1分ほど炒める。小松菜を加え、少ししんなりする程度に炒め合わせて火を止める。

　◦小松菜は香りや歯ごたえが残るほうがおいしいので、炒めすぎないこと。

tips
牛肉を豚バラ薄切り肉、合びき肉などに替えても。野菜はピーマン、にんにくの芽などにしてもおいしい。

豚バラの脂とオイスターソースのコク、にんにくの風味も
加わりとても力強い味わい。たっぷりの生の春菊と口に含むと、
いろいろな香りが混ざり合って、おいしいのです。

豚バラオイスターソース炒め春菊のせ

材料　2人分
豚バラ薄切り肉＿＿ 200g
にんにく＿＿½片
赤唐辛子（輪切り）＿＿少々
オイスターソース＿＿大さじ1
春菊＿＿½袋

1　春菊は根元を落として3㎝長さのざく切りにして、
　器に盛る。にんにくは薄切り、豚肉は5㎝長さに切る。

2　フライパンを熱して豚肉を入れ、強めの中火で3〜
　4分ほど、脂が出て香ばしい焼き色がつくまで炒め
　る（脂が多すぎる場合はキッチンペーパーなどで少し拭き取
　る）。にんにく、赤唐辛子、オイスターソースを加え、
　1分ほど炒める。

3　春菊の上に2をのせる。

tips
豚バラ肉を牛こま切れ肉にしても。春菊を貝割れ菜やせり、三つ葉などほ
かの香りの強い野菜にしても。

めんつゆだけ

しょうゆ、みりん、酒などがバランスよく配合されていて、調味料自体にうまみ、甘みがあるので、普段のおかず作りにとても役立ちます。和風の煮物などに使うことが多いかもしれませんが、炒めたり揚げたりして香ばしさをプラスすると、また違ったおいしさが楽しめます。

材料　2人分

豚バラ薄切り肉＿ 200g
しいたけ＿3枚
長ねぎ＿½本
にんにく＿1片
めんつゆ(3倍濃縮)＿大さじ2
水＿¾カップ
五香粉＿(あれば)小さじ¼
ご飯＿2膳分
半熟卵＿2個
パクチー＿適量

1　しいたけは5mm厚さの薄切り、長ねぎは縦半分にして3cm長さ、にんにくは薄切り、豚肉は3cm長さに切る。

2　フライパンを熱して豚肉を入れ、脂が出て焼き色がつくまで強めの中火で炒める。にんにく、長ねぎ、しいたけを加えてさっと炒め、めんつゆと水、五香粉も加え、沸いたら中火で5分ほど煮る。

3　ご飯の上に2をのせ、半熟卵とパクチーを添える。

tips
ゆで筍を加えても。五香粉がなければ、シナモンや八角でも。入れると風味が一変してぐっと本格的な仕上がりになります。

ルーロー飯風

本来は塊肉で作る魯肉飯（ルーローハン）ですが、
家庭では薄切り肉で手早く。
めんつゆを使えば、味つけに悩むこともありません。
もしあれば、仕上げに五香粉を使うと
一気に本場・台湾の味になります。

バターとめんつゆは鉄板の組み合わせ。
うまみの出にくい素材でも、ちゃんとおいしくしてくれます。
冷蔵庫にある素材で、ササッと夕飯の一品の完成です。

厚揚げ、いんげんの めんつゆバター炒め

材料　2人分

厚揚げ＿＿1枚(250g)

いんげん＿＿½パック(50g)

しめじ＿＿1パック(100g)

バター＿＿10g

めんつゆ(3倍濃縮)＿＿大さじ1½

水＿＿大さじ1

1　厚揚げは一口大に、いんげんは2〜3等分に切る。しめじは石づきを落として小房に分ける。

2　フライパンを熱してバターを入れ、1を強めの中火で3分ほど炒める。めんつゆと水を加え、さらに2分ほど炒める。

tips

厚揚げの代わりに水切りした木綿豆腐、鶏むね肉などでも。にんにくや赤唐辛子を加えれば、さらに食欲を誘うおかずに。

うまみの強いめんつゆを下味に使えば、淡白なタラもご飯がすすむおかずに。
魚の切り身の竜田揚げは、気軽にでき、
少量の油で揚げ焼きにしても火が通りやすくて安心です。

タラの竜田揚げ

材料　2人分
タラ＿＿2切れ（200g）
めんつゆ（3倍濃縮）＿＿大さじ1
おろししょうが＿＿小さじ½
片栗粉＿＿大さじ3
サラダ油＿＿大さじ3
三つ葉＿＿適量

1　タラは3〜4等分に切る。めんつゆとおろししょうがを混ぜ合わせてタラに下味をつけ、5分ほどおく。

2　ポリ袋に片栗粉を入れて1を加え、全体にまぶしつける。

3　フライパンに油を入れて火にかけ、余分な粉を落としながら2を並べる。強めの中火で全体に香ばしい揚げ色がつくまで、時々返しながら4分ほど揚げ焼きにする。

4　器に盛り、あれば三つ葉を添える。

tips
タラの代わりにカジキ、ブリ、サケなどでも。

梅干しだけ

梅干しを調味料として使うと、塩気に加え、梅の酸味や甘みが独特な風味を添えます。梅干しの色を生かし、白っぽい素材と組み合わせると、上品な仕上がりに。ごま油やバターで香りやコクを足したり、かつお節でうまみを補うと味がまとまりやすくなります。

【選び方・使い方のコツ】
本書では塩分8%の梅干しを使いました。果肉が大きく柔らかいものが料理に使いやすい。種からも塩分が出るので、調理の際は一緒に加え、食べるときに外します。肉や魚100gに対して梅干し1個（約10g）、炒め物なら、肉や魚200g＋野菜200gに対して梅干し3個（約30g）がおいしい目安。

材料 2人分
鶏手羽元＿＿ 300g
れんこん＿＿ 150g
梅干し（塩分8%）＿＿ 3個(30g)
水＿＿ 1カップ

1　れんこんは皮をむき、1cm厚さの輪切りか半月切りにする。

2　鍋に水とちぎった梅干し（種ごと）を入れて火にかける。沸騰したら手羽元、れんこんを加え、中火で15分ほど煮る。

tips
鶏手羽元の代わりに豚こま切れ肉、豚バラ薄切り肉、鶏もも肉でも。れんこんの代わりに里いも、長ねぎなどでも。

手羽元と
れんこんの
梅煮

梅を使ったシンプルな煮込み。
梅の塩気、酸味、甘みを利用して、
鶏肉をさっぱりおいしく煮ます。
梅干しの色が引き立つように、
白い野菜を使うときれいに仕上がります。

長いもののシャクッとした歯ごたえと、ニラの香りが食欲をそそる炒め物。
梅干しをしっかり炒めることで、うまみや酸味を凝縮します。
梅干しの酸味は、肉の臭みを感じにくくしてくれる効果も。

豚肉と長いもの梅炒め

材料　2人分
豚肩ロース肉しょうが焼き用
　__200g
長いも__150g
ニラ__½束
梅干し(塩分8%)__3個(30g)
ごま油__大さじ½

1　長いもは皮つきのまま3cm長さに切り縦6等分に切る。ニラは5cm長さ、豚肉は半分に切る。

2　フライパンを熱してごま油を入れ、豚肉と長いもを強めの中火で3分ほど炒める。肉の色が変わってきたらちぎった梅干し(種ごと)と、ニラを加え、さらに2分ほど炒める。

tips
肉は牛こま切れ肉、豚バラ薄切り肉などでも。長いもの代わりに、しめじなどのきのこ類を合わせてもおいしい。

梅干しの酸味にバターのコク、かつお節のうまみが加わり、
食べ飽きないおいしさです。
ごぼうやにんじんなど、根菜の土っぽい香りと梅干しの酸味がよく合います。

豚肉、にんじん、ごぼうの梅おかか炒め

材料　2人分

豚こま切れ肉＿ 200g
にんじん＿ ½本
ごぼう＿ ½本
梅干し（塩分8%）＿ 3個（30g）
バター＿ 10g
かつお節＿ 5g

1　にんじんは短冊切り、ごぼうは斜め薄切りにする。
　　豚肉は食べやすい大きさに切る。

2　フライパンを熱してバターを入れ、1を強めの中火
　　で4分ほど炒める。

3　ちぎった梅干し（種ごと）を加え、さらに1分ほど炒める。

4　器に盛り、かつお節をふる。

tips
肉は鶏もも肉、豚バラ薄切り肉などにしても。にんじんとごぼうを、玉ね
ぎとニラなどにしても。

ナンプラーだけ

魚と塩を発酵させてつくられた調味料で、強いうまみと独特の香りが特徴。「魚醤（ぎょしょう）」とも呼ばれ、しょうゆと同じ感覚で使うことができます（ただし、しょうゆよりも塩分がやや多めなので量は加減が必要）。甘みが不足しているので、野菜の甘みと組み合わせると、バランスよく仕上がります。

材料 2人分

あさり__200g
トマト__1個
水__3カップ
ナンプラー__大さじ 1
冷凍うどん（細麺）__2 玉
パクチー__適量

1　あさりは砂抜きし、こすり合わせて流水でよく洗う。トマトは 4 つ割り、パクチーはざく切りにする。冷凍うどんは袋の表示通りに解凍する。

2　パクチー以外の材料をすべて鍋に入れて強火にかけ、沸いたら中火で 2 分ほど煮る。

3　器に盛り、パクチーを添える。好みで薄切り玉ねぎや赤唐辛子、レモンを添えても。

tips
麺は、春雨やビーフンでも。

あさりとトマトのエスニック麺

フォーをイメージした、あさりだしのうどん。
あさりとナンプラーでうまみたっぷり、
トマトの酸味が全体を引き締めます。
ナンプラーの風味で一気にエスニック風に。

うまみが強いナンプラー。あれこれ加えずとも肉の下味として使って
野菜と炒めるだけできちんとおいしくなります。
味つけは肉だけにして、アスパラは甘みと香りを際立たせて。

鶏肉とアスパラのエスニック炒め

材料　2人分
鶏もも肉＿1枚(250g)
アスパラガス＿100g
にんにく＿1片
ナンプラー＿小さじ2
ごま油＿大さじ½
粗挽き黒こしょう＿小さじ¼

1　アスパラは根元を落とし5㎝長さの斜め切り、にんにくは薄切りにする。

2　鶏肉は縦半分に切ってから1㎝幅に切る。フライパンに入れ、ナンプラーをまわし入れてなじませ、5分ほどおく。

3　アスパラ、にんにく、ごま油を加えてフライパンを火にかけ、強火の中火で全体を4分ほど炒め合わせる。最後に黒こしょうを加えてひと混ぜする。

tips
アスパラの代わりに、いんげん、スナップエンドウなどでも。あればレモングラスを刻んで加えると、より本格的な風味になります。

いつもの肉じゃがをほんのりエスニック風に。
うまみの強いナンプラーがあれば、煮物もだしいらず。
にんじんや玉ねぎの甘みだけで作る肉じゃがは、すっきりしたおいしさです。

エスニック肉じゃが

材料　2人分

豚こま切れ肉＿150g
じゃがいも＿2個(200g)
にんじん＿½本
玉ねぎ＿½個
A
　ナンプラー＿大さじ1
　にんにく＿½片
　水＿1カップ
　赤唐辛子＿½本

1　じゃがいもは皮をむいて4つ割り、にんじんは小さめの乱切り、玉ねぎはくし形に切る。にんにくは薄切り、赤唐辛子は種を取って小口切りにする。豚肉は食べやすい大きさに切る。

2　鍋にAと1の野菜を入れて火にかける。沸騰したら肉を加えてほぐし、中火で12分ほど煮る。火を止めて5分ほどおいて味を染み込ませる。

tips
肉は鶏もも肉や鶏手羽元でも。にんじんの代わりにトマトを加えるのもおすすめです。

香味野菜やにんにく、果実類、香辛料、ハチミツなどが溶け込んだ万能調味料。もちろん肉とは最高によく合いますが、ブリなどの青魚とも相性抜群。炒め物もいいですが、おすすめは煮物。水で薄めるとパンチが和らいでちょうどいい煮汁になり、新鮮なおいしさです。

焼肉のたれ だけ

【選び方・使い方のコツ】
あまりクセのない味のものが使いやすいと思います。わが家では子どもでも食べられる「甘口」タイプを常備。辛くしたいときは七味や唐辛子を足して使います。肉や魚100gに対して焼肉のたれ大さじ1、炒め物なら、肉や魚200g＋野菜200gに対して焼肉のたれ大さじ3がおいしい目安。

材料 2人分

豚肩ロース薄切り肉＿＿ 150g
木綿豆腐＿＿ 200g
しめじ＿＿ 100g
水＿＿¾カップ
焼肉のたれ＿＿大さじ4
万能ねぎ＿＿適量

1　豆腐は4等分、万能ねぎは小口切りにする。しめじは石づきを落とし、小房に分ける。豚肉は食べやすい大きさに切る。

2　水、焼肉のたれ、豆腐、しめじを鍋に入れて火にかける。沸騰したら豚肉を加えてほぐし、中火で5分ほど煮る。

3　器に盛り、万能ねぎをのせる。

tips
温泉卵を落としたり、七味をかけるのもおすすめです。

スタミナ肉豆腐

焼肉のたれを水で薄めて肉や豆腐を煮るだけ。
肉の量が少なくても、焼肉だれのおかげで、
ボリューム感ある肉豆腐に。
忙しいとき、何も考えられないときに、
大助かりのメニューです。

あっけないほど簡単にできますが、ちゃんとおいしい。
ブリ大根は「もうこれでいいかも」と思うほど気に入っているレシピ。
ブリの臭みも消え、子どもたちも食べやすいようです。

かんたんブリ大根

材料　2人分
ブリ__ 2切れ(200g)
大根__¼本
焼肉のたれ__大さじ4
水__大さじ4
サラダ油__大さじ½

1　大根は皮をむき、5cm長さの6つ割りに切る。ブリは3等分に切る。

2　フライパンを熱して油を入れ、1を加える。強めの中火で香ばしい焼き色がつくまで、両面を4分ほど焼く。

3　焼肉のたれと水を加え、中火で5分ほど煮る。火を止めて5分ほどおいて味を染み込ませる。

tips
ブリの代わりに、サケやカジキでも。

焼肉のたれだけで、ハンバーグの味つけが一発で決まります。
別添えのたれやソースがなくても、満足感のあるおいしさ。
焼き上がってから、ピザ用チーズをのせて溶かすと、子どもたちが喜びます。

かんたんハンバーグ

材料 2人分

A
　合びき肉＿250g
　玉ねぎ＿1/4個
　小町麩＿15g（またはパン粉15g）
　卵＿1個
　焼肉のたれ＿大さじ3
サラダ油＿大さじ1/2
貝割れ菜、パプリカ＿各適量

tips
合びき肉を豚ひき肉に替えても。

1　玉ねぎはみじん切りにする。小町麩は手で細かく砕く。ボウルにAを入れ、粘りが出るまで手でよくこねる。
　　水分が少し多くなるため、つなぎはいつもより多めです。

2　4等分にし、厚さ1cmの小判形に手で整え、油をひいたフライパンにおく。

3　フライパンを火にかけ、肉の焼ける音がしてきたらフタをして中火で4分ほど焼く。裏返し、フタをしてさらに3分ほど焼く。

4　器に盛り、せん切りパプリカと貝割れ菜を和えたものを添える。

91

調味料
ひとつで

副菜

食卓に、いくつあってもうれしい野菜の一皿。
調味料がひとつなら、野菜の豊かな香りや風味をしっかり味わえます。
主菜がしょうゆ味なら、副菜は塩やみそを使ったメニューにするなど、
献立の考え方もうんとシンプルに。
七味や黒こしょうをひとふりしたら、大人用の酒のつまみに早変わり。
シンプル調味だと、アレンジしやすいのも魅力です。

野菜をシンプルに煮る

ひとつの調味料で
野菜をコトコト煮るだけ。
ただそれだけでも、
野菜はほっくり、トロッと
おいしくなります。
野菜本来のおいしさを
シンプルな調理で引き出します。

かぼちゃとトマト煮

かぼちゃの甘みとトマトの酸味が見事に調和して食べやすい味に。白だしのうまみも効いています。

材料　2人分
かぼちゃ__$\frac{1}{8}$個
プチトマト__5個
白だし__大さじ1 $\frac{1}{2}$
水__$\frac{1}{2}$カップ

1　かぼちゃは皮ごと2〜3cm角に切る。
　　プチトマトは半分に切る。
2　小鍋に材料をすべて入れ、フタをして
　　中火で8分ほど煮る。

tips
トマトをドライトマトやトマトジュースにすると、また
違った印象に。仕上げにオリーブオイルをかけても。

里いもの塩煮

ねぎの
しょうゆ煮

甘みとうまみ、ねっとりした口触り。シンプルな調理と味つけで、里いものおいしさを最大限引き出します。

材料　2人分
里いも＿＿300g
にんにく＿＿1片
塩＿＿小さじ⅓
水＿＿¾カップ
オリーブオイル＿＿大さじ1

1　里いもは皮をむき、大きめに切る。にんにくは薄切りにする。
2　オリーブオイル以外の材料を鍋に入れ、フタをして中火で8分ほど煮る。器に盛り、オリーブオイルをかける。

tips
塩をしょうゆ(大さじ⅔)にしても。コクと香りが加わります。

少量の水としょうゆで長ねぎの甘みを引き出すように煮ます。昆布の風味が全体をまろやかにまとめます。

材料　2人分
長ねぎ＿＿2本
しょうゆ＿＿大さじ1
昆布＿＿5cm角
水＿＿大さじ4

1　長ねぎは3cm長さのぶつ切りにする。昆布はハサミで2cm角に切る。
2　鍋に材料をすべて入れ、フタをして5分ほど煮る。

tips
昆布の代わりに、桜えびでも。

食感よく炒める

……

パプリカといんげんのごま塩炒め

野菜は火の通し具合で
おいしさが変わります。
残したい食感や
引き出したい甘み、
香りを意識しながら調理すると、
調味料はほんの少しでも
十分においしくなります。

**パプリカといんげんは歯ごたえが残るよう、
さっと炒めます。ごまの香りが、パプリカ
の甘み、いんげんの香りを際立たせます。**

材料　2人分
パプリカ__½個
いんげん__50g
塩__小さじ¼
黒ごま__小さじ1
サラダ油__小さじ1

1　パプリカは1cm幅、いんげんは2〜3
　　等分に切る。
2　フライパンを熱して油を入れ、**1**を加
　　えて色が鮮やかになるまで中火で2分
　　ほど炒める。最後に塩とごまを加えて
　　ひと混ぜする。

tips
パプリカをにんじんにしても。

豆もやしのゆずこしょう炒め

ゆずこしょうの辛みと香りが効いた炒め物。
豆もやしは豆の部分に甘みを感じられるぐ
らいしっかり炒めるのがポイントです。

材料 2人分
豆もやし＿1袋
水＿大さじ4
にんにく＿½片
ゆずこしょう＿小さじ1
ごま油＿大さじ½

1 フライパンに豆もやし、水、にんにく、
　 ごま油を入れて火にかける。中火で4
　 分ほど炒め、ゆずこしょうを加えて、
　 さっと混ぜ合わせる。

tips
れんこんの薄切りを同様に炒めてもおいしい。

にんじんと大豆のみそきんぴら

にんじんと大豆のやさしい甘みやうまみと、
香ばしく焼けたみその風味がとてもよく合
います。

材料 2人分
にんじん＿½本
ゆで大豆＿100g
みそ＿大さじ1
水＿大さじ1
ごま油＿大さじ½

1 にんじんは1cm角に切る。
2 フライパンを熱してごま油を入れ、に
　 んじんと大豆を中火で2分ほど炒める。
3 水で溶いたみそを加え、水分が飛んで
　 香ばしい焼き色がつくまで3分ほど炒
　 める。

tips
ひよこ豆やミックスビーンズなど好みの豆でお試しを。

うまみ食材を組み合わせる

……

副菜に少し
食べごたえがほしいときは、
練り物や缶詰を使って、
うまみをプラスして。
調味料ひとつでも満足感のある
野菜の一品ができあがります。

ちくわときゅうり炒め

きゅうりを焼くと生とは違ったおいしさ。
ちくわもきゅうりも焼き色がつくぐらい香
ばしく炒めるのがポイントです。

材料 2人分
ちくわ＿＿2本
きゅうり＿＿2本
ごま油＿＿小さじ1
しょうゆ＿＿小さじ1

1 ちくわは1cm幅の斜め切り、きゅうり
  は7mm幅の斜め切りにする。
2 フライパンを熱してごま油を入れ、**1**
  を強めの中火で3分ほど炒める。
3 しょうゆをまわし入れ、香ばしい香り
  が出たら火を止める。

tips
きゅうりは、セロリやピーマンに替えても。

ツナとセロリのナンプラー炒め

えのきとちくわの梅煮

相性のよいナンプラーとバターの組み合わせ。ツナのコクも加わり、うまみがしっかり感じられる炒め物です。

材料 2人分
ツナ＿１缶
セロリ＿１本
ナンプラー＿小さじ½
バター＿5g

1 セロリは、茎は1cm幅、葉はざく切りにする。ツナは汁気をきる。
2 フライパンを熱し、バターを入れてセロリを炒める。しんなりしたらすぐにツナとナンプラーを加え、中火で１分ほど炒める。

冷蔵庫の残り物でさっとできる、うれしい一品。ちくわのうまみが梅の酸味を調和してくれます。

材料 2人分
えのきだけ＿１パック(180g)
ちくわ＿２本
梅干し(塩分8%)＿１個
水＿⅓カップ

1 えのきは根元を落とし、大きめにほぐす。ちくわは縦半分に切り、1cm幅の斜め切りにする。
2 鍋に**1**、ちぎった梅干し(種ごと)、水を加え、フタをして中火で５分ほど煮る。

tips
セロリを小松菜にしても。

tips
えのきの代わりに長ねぎでも。

香ばしく焼く……

ブロッコリーの
フライパン焼き

「香ばしさ」は
おいしさをつくる大事な要素。
じっくり焼く、
こんがり焼き色をつける、
そのひと手間で、
野菜の新しいおいしさを
発見することも。

ブロッコリーは蒸してからこんがり焼くと
栄養素も逃げず、茹でるより味が濃くなる
ような気がします。

材料　2人分
ブロッコリー__½個
オリーブオイル__小さじ1
水__大さじ2
しょうゆ__小さじ1

1　ブロッコリーは小さめの小房に切る。
2　フライパンにブロッコリー、オリーブ
　　オイル、水を入れ、フタをして中火で
　　3分ほど蒸し焼きにする。フタを取り、
　　焼き目がつくまで水分を飛ばす。
3　器に盛り、しょうゆをたらす。

れんこんのみそチーズ焼き

じっくり焼いて甘みが増したれんこんに、みそと粉チーズのうまみと香ばしさ。おつまみやおやつに後引くおいしさです。

材料　2人分
れんこん__150g
A
みそ__大さじ½
粉チーズ__大さじ½
ごま油__小さじ1
水__大さじ½

1　れんこんは皮つきのまま5mm厚さの半月切りにする。Aを混ぜ合わせたもので和える。
2　1を耐熱皿やアルミ箔に広げ、トースターで8分ほど焼く。

tips
れんこんの代わりに、カリフラワーやブロッコリーでも。

きのこのトースター焼き

焼くことで、きのこの香りやうまみがギュッと濃縮されます。噛むごとにおいしさが広がります。

材料　2人分
エリンギ__1パック
しいたけ__1パック
めんつゆ__大さじ½

1　エリンギは大きめに手でさく。しいたけは石づきを落とし、半分に切る。耐熱皿やアルミ箔に広げ、トースターで10分ほど焼く。
●エリンギは手で縦にさくと繊維が長く残り、食べた時の食感がよくなります。
2　器に盛り、めんつゆをかける。

tips
めんつゆにおろししょうがをたっぷり混ぜても。

オイルと蒸す……

野菜は少量の水分で
蒸し煮することで、
その甘みが
最大限に引き出されます。
ここに少量のオイルで
香りやうまみを足すと、
立派な一品となります。

キャベツとベーコンの蒸し焼き

キャベツは、焼き目がつくまで水分を飛ばすと、甘みが凝縮。ベーコンから出てくる脂でさらにうまみがアップ。

材料　2人分

キャベツ__⅛個　　　　塩__小さじ¼
厚切りベーコン__60g　　水__大さじ2

1　キャベツは芯を落とし、半分に切る。ベーコンは2cm幅に切る。
2　フライパンにキャベツをのせ、塩をふる。空いているところにベーコンを並べ、水を加え、フタをして中火で5分ほど蒸し焼きにする。水分が残っていたら、フタを外し、キャベツに焦げ目がつく程度に焼く。

tips
レモンの輪切りや、ハーブをひと枝のせると爽やかな仕上がりに。

さつまいも
にんにくバター
蒸し

きのこの
オイル蒸し

ホクホク甘いさつまいもに、にんにくの香りとバターがよく合います。甘じょっぱいおいしさで、子どもたちが大好きな味。

材料　2人分
さつまいも＿200g
塩＿小さじ⅓
にんにく＿½片
バター＿10g
水＿大さじ3

1　さつまいもは1cm幅のいちょう切りにし、5分ほど水にさらす。にんにくは薄切りにする。
2　フライパンに材料をすべて入れ、フタをして中火で5分ほど蒸す。そのまま5分ほどおく。

tips
ベーコンやソーセージを足すと、ボリュームのあるおかずに。

蒸し煮すると量が減りたっぷり食べられるキノコ。うまみが凝縮されるので、シンプルに焼いた肉のつけ合わせなどにしても。

材料　2人分
きのこ（しめじ、しいたけ、エリンギなど）＿200g
塩＿小さじ⅓
にんにく＿½片
オリーブオイル＿大さじ1
水＿大さじ2

1　きのこは食べやすい大きさに切る。にんにくは薄切りにする。
2　フライパンに材料をすべて入れ、フタをして5分ほど蒸し煮にする。

オイルで和える

……

野菜を生でみずみずしいまま
いただきたいときは、
調味料で塩気を、
オイルでコクと風味を足して。
オイルと塩味が、
生野菜の力強い甘みや香りを
ひとつにまとめてくれます。

せん切りピーマンと
パプリカのしらす和え

野菜は生で食べるとその甘みと香りがはっきり感じられます。しらすのうまみとオリーブオイルの香りで後引くおいしさに。

材料　2人分
ピーマン＿2個
パプリカ＿1/2個
しらす＿20g
オリーブオイル＿小さじ1
塩＿少々

1　パプリカとピーマンはせん切りにする。
2　1をボウルに入れ、しらす、オリーブオイル、塩を加えて和える。

tips
しらすをハムや生ハムにしてもよい。

豆苗とにんじんのナムル風

白菜の梅もみ

ごま油とおろしにんにくのパンチある風味が、豆苗の青々しい香り、にんじんの甘みとよく合います。

材料 2人分
豆苗＿1袋
にんじん＿½本
A
　塩＿小さじ¼
　おろしにんにく＿少々
　ごま油＿小さじ1

1 豆苗は根を落とし、半分の長さに切る。にんじんはスライサーでせん切りにする。
2 ボウルにAを入れ、にんじんを加えて和える。全体に混ざったら豆苗を加えてざっくりと混ぜる。

tips
豆苗の代わりにせりや三つ葉でも。

梅干しの酸味と塩分が、白菜のみずみずしいうまみと甘みを引き出します。ごま油の香りとうまみで、より食べやすく。

材料 2人分
白菜＿⅛株
梅干し(塩分8％)＿2個(20g)
ごま油＿小さじ1

1 白菜は3cm角ぐらいにざく切りにする。梅干しは手でちぎる。
2 ポリ袋に材料をすべて入れ(梅干しは種ごと)、白菜がしんなりするまでもむ。

tips
白菜の代わりに大根やキャベツでも。

キャベツの
みそもみ

切り干し大根と
ハムのサラダ

切り干し大根は、水で戻してサラダで食べると新感覚のおいしさ。大根の香りとコリコリした食感がクセになります。

材料 2人分
切り干し大根(乾燥)__30g
ハム__3枚
A
┊ しょうゆ__大さじ½
┊ オリーブオイル__大さじ1
┊ 赤唐辛子(輪切り)__少々

1 切り干し大根は流水でもみ洗いし、ひたひたの水に入れて10分ほどおいて戻す。ハムは1cm幅に切る。
2 切り干し大根の水気をしっかり絞り、ハム、Aと和える。

tips
ハムをしらすやちくわにしてもよい。

みそでもむことで、キャベツの甘みが出てきます。みそのコクとオリーブオイルの香りも、実はよく合います。

材料 2人分
キャベツ__⅛個
みそ__大さじ½
オリーブオイル__大さじ½
七味唐辛子__少々

1 キャベツは3cm角ぐらいのざく切りにする。
2 ポリ袋にみそとオリーブオイルを入れて混ぜ合わせ、1を加えて少ししんなりするまでもむ。器に盛り、七味をふる。

tips
キャベツの代わりにきゅうり、大根、にんじんなどでも。

生野菜スティック
みそとナッツのディップ

トマトとモッツァレラのサラダ

トマトとモッツァレラ、定番の組み合わせにひとひねり。ゆずこしょうの刺激的な辛みが、両者の個性を引き立たせます。

材料 2人分
トマト＿1個
モッツァレラチーズ＿100g
A
┊ ゆずこしょう＿小さじ1
┊ おろしにんにく＿小さじ¼
┊ オリーブオイル＿大さじ1

1 トマトは8等分のくし形に切る。モッツァレラチーズは食べやすい大きさに手でちぎる。
2 1を器に盛り、Aを混ぜたものをかける。

tips
アボカドや生ハムを加えると、しっかりボリュームのあるサラダに。

みそにピーナッツとごま油を混ぜたディップを生野菜に添えて。香ばしい風味と食感が加わり、野菜がどんどん食べられます。

材料 2人分
きゅうり＿1本
A
┊ みそ＿大さじ1
┊ ピーナッツ＿大さじ1
┊ ごま油＿大さじ1
┊ 白こしょう＿少々

1 きゅうりは縦4つ割りにして、長さを半分に切る。
2 ピーナッツを粗みじんに切り、Aを混ぜ合わせる。器にきゅうりと盛り合わせる。

tips
生野菜は、キャベツ、にんじん、セロリなどでも。

野菜をたれにする……

野菜の香りや酸味、
水分を生かして、
食べる「たれ」に。
加熱なしで
調味料と混ぜるだけなので、
とにかく手軽。
応用範囲も広く、
あれこれ使えて便利です。

トマトソース

トマトはおろし金で、ピューレ状にすりおろします。オイスターソースのうまみが加わることで、何にでも合う万能だれに。

材料　2人分
トマト＿1個(200g)
A
├ オイスターソース＿大さじ1
├ オリーブオイル＿大さじ½
└ おろししょうが＿小さじ½
絹豆腐＿1丁

1　トマトは皮ごとすりおろし、Aと混ぜ合わせる。
2　豆腐を器に盛り、1をかける。

tips
オイスターソースをナンプラーにするとエスニックだれに。豆腐のほかうどんにかけても。

アボカドソース

コクのあるアボカドは細かく刻んでソース
に。しょうゆとごま油の組み合わせは、何
にかけても間違いのないおいしさに。

材料 2人分
アボカド＿1個
A
　しょうゆ＿大さじ1
　ごま油＿大さじ1
　おろしにんにく＿小さじ¼
ゆで卵＿2個

1　アボカドは1cm角に切り、Aと混ぜ合
　　わせる。
2　半分に切ったゆで卵にのせる。

tips
ごま油をオリーブオイルにすると洋風の味わいに。ゆで
卵以外にもトーストにのせたり、チキンソテーのソース
にしても。

ニラだれ

ニラの強い香りと白だしのうまみが抜群に
合います。野菜を野菜で食べるのも新鮮に
感じます。

材料 2人分
ニラ＿½束
白だし＿大さじ3
白ごま＿大さじ1
白菜＿2枚

1　ニラは1cm幅のざく切りにする。白だ
　　しと混ぜ合わせ、5分ほどおく。
2　白菜はざく切りにし、耐熱容器に入れ、
　　ふんわりとラップをかけ、電子レンジ
　　(600W)で2分加熱する。
3　2に1をかける。

tips
ニラをトマト、長ねぎに替えても。白菜のほか、茹でた
豚肉やハンバーグにかけても。

調味料ひとつで漬ける

……

ひとつの調味料で
野菜を漬けるだけ。
あれこれ足さなくても、
十分においしい漬け物になります。
野菜が半端に余ったときや、
無性に生の野菜を
食べたくなったときなどに、
よく食卓に上がる副菜です。

小松菜と長ねぎのしょうゆ漬け

即席の野沢菜漬け風。浅漬けでそのまま、しっかり漬かったものを刻んで納豆と一緒にいただくのもおすすめ。

材料　2人分
小松菜＿1/2束
長ねぎ＿1/4本
しょうゆ＿大さじ1

1　小松菜は5cm長さに切る。長ねぎは縦に4つ割りにし、5mm幅に切る。
2　ポリ袋に**1**としょうゆを入れ、しんなりするまでもむ。

tips
唐辛子や薄切りにんにくを足しても。

アボカドと
プチトマトの
白だし漬け

かぶの
ナンプラー漬け

ナンプラーのうまみと香りで、かぶの甘み、葉の青々しい香りが引き立ちます。ぽりぽりと味見が止まらないおいしさです。

材料　2人分
かぶ__3個
ナンプラー__大さじ½
粗挽き黒こしょう__適宜

1　かぶの実は皮をむき、6等分のくし形に切る。葉は5cm長さに切る。
2　ポリ袋に**1**とナンプラーを入れ、しんなりするまでもむ。
3　器に盛り、好みで黒こしょうをふる。

意外とイケる、アボカドの漬け物。少し硬めのものが向いています。トマトの酸味が白だしのくどさを和らげます。

材料　2人分
アボカド__1個
プチトマト__5個
白だし__大さじ2

1　アボカドは一口大に切る。プチトマトは半分に切る。
2　**1**をボウルに入れ、白だしをかけて10分ほどおく。

tips
かぶの葉だけ余ったときも、こうやって漬けておくとよい。チャーハンや混ぜご飯の具にしたり、卵と炒めたりと、何かと使えます。

tips
少量のわさびを追加すると、ピリッと全体が締まり、新鮮な味わいです。

111

近藤幸子
Sachiko Kondo

料理研究家、管理栄養士。
宮城県出身。仙台の料理学校でアシスタントと講師を務めた後、料理研究家として独立。2004年に東京に拠点を移してからは、料理教室・雑誌・テレビ等へと活躍の場を広げる。6歳違いの姉妹2児の母でもあり、忙しくても負担なくできる新しい家庭料理を追求する毎日。近著に『味が決まる！レシピがいらない中火で8分蒸し』(家の光協会)、『丸めないハンバーグ、包まないシュウマイ。ラクラク2ステップ料理107』(文化出版局)、『がんばりすぎないごはん』(主婦と生活社)がある。

ホームページ：おいしい週末
https://oishisyumatsu.com/

調味料ひとつでラクうまごはん

2020年10月1日　第1版第1刷発行

ブックデザイン	茂木隆行
写真	宮濱祐美子
スタイリング	本郷由紀子
調理アシスタント	田中恵美
校正	西進社
編集	茶木奈津子 (PHPエディターズ・グループ)

著　者　近藤幸子
発行者　清水卓智
発行所　株式会社PHPエディターズ・グループ
　　　　〒135-0061　江東区豊洲5-6-52
　　　　☎ 03-6204-2931
　　　　http://www.peg.co.jp/
発売元　株式会社PHP研究所
　　　　東京本部　〒135-8137　江東区豊洲5-6-52
　　　　普及部　☎ 03-3520-9630
　　　　京都本部　〒601-8411　京都市南区西九条北ノ内町11
　　　　PHP INTERFACE　https://www.php.co.jp/

印刷・製本所　凸版印刷株式会社
© Sachiko Kondo 2020 Printed in Japan
ISBN978-4-569-84748-1